AF497865

FRAGMENTS,

COMPOSÉS DU PROLOGUE

DES FÊTES DE THALIE,

DE L'ACTE DE LA FEMME,

Troisiéme ENTRÉE du même Oprea,

ET DU DEVIN DU VILLAGE,

Intermede en un Acte.

REPRÉSENTÉS

PAR L'ACADÉMIE-ROYALE

DE MUSIQUE,

Le Mardi 13 Août 1765,

PRIX XXX. SOLS.

AUX DÉPENS DE L'ACADÉMIE.

A PARIS, Chés DE LORMEL, Imprimeur de ladite Académie, rue du Foin, à l'Image Sainte Genevieve.

On trouvera des Livres de Paroles à la Salle de l'Opera.

M. DCC. LXV.

AVEC APPROBATION ET PRIVILEGE DU ROI.

*Les Paroles du Prologue & de l'Acte suivant,
sont de Monsieur* LAFOND.

La Musique de Monsieur MOURET.

ACTEURS CHANTANTS
DANS LES CHŒURS.

CÔTÉ DU ROI.		CÔTÉ DE LA REINE.	
Mesdemoiselles.	*Messieurs.*	*Mesdemoiselles.*	*Messieurs.*
Durand.	Gagnerie.	D'alliere.	L'écuyer.
Guillaume.	Chicot.	Lachantrie.	Albert.
La Croix.	Vaudemont.	Salaville.	Tourcati.
Fontenet.	Héri.		Bourdon.
Delor.	Dolliger.	D'agée.	Cailteau.
Beauvais.	Labourdette.	Le Grand.	Chappotin.
Barrage.	Rose.	Jouette.	Feret.
	Robin.	Denartrebe.	Du Perrier.
Thévenot.	Antheaume.	Adélaïde.	Boi.
Desrosieres.	Méon.	Favre.	Laurent.
Héri.	Botson.	Defontebles.	Quantin.
			Cavalier.

A ij

PROLOGUE.

ACTEURS CHANTANTS
DU PROLOGUE.

MELPOMENE,	Mlle. Rivier,
THALIE,	Mlle. Dubois,
APOLLON,	M. Durand.

PERSONNAGES DANSANTS.
SUITE DE THALIE.

Mlle. PESLIN.

M. LEGER, Mlle. JUSTINE.

M^{rs}. Dubois, Rogier, Riviere, Gougi, Liesse, Lani, 3., Despreaux, Langlois.

Mlles. Contat, Darci, Bonscarelle, Tourville, Hugues, Riviere, Dorange, Dupin.

PROLOGUE
DES FÊTES
DE
THALIE.

La Scéne est sur le Théâtre de l'Opera.

SCÊNE PREMIERE.

MELPOMENE, & *sa suite.*

MELPOMENE.

THÉATRE de ma gloire, où regne l'har-
monie,
Ne recevés des loix que de mon seul génie.
Mes sujèts sont les rois, les héros & les dieux ;
Rien ne peut égaler mes spectacles pompeux.

Théâtre de ma gloire, où regne l'harmonie,
Ne recevés des loix que de mon seul génie.

J'attendris par les sons, mes pleurs & mes soûpirs;
Mes tragiques douleurs forment les vrais plaisirs.

Théâtre de ma gloire, où regne l'harmonie.
Ne recevés des loix que de mon seul génie.

C H Œ U R.

Régnés, divine Melpomene;
Régnés, des vrais plaisirs aimable souveraine.

SCÊNE II

MELPOMENE, THALIE.

(On entend une simphonie vive & gaie, qui annonce
l'arrivée de la Muse comique.)

MELPOMENE.

Dieux ! quels frivoles sons ? Que vois-je ? C'est
    Thalie !
Vient-elle de ses jeux étaler la folie ?
    Osés-vous donc vous faire voir
    En des lieux pleins de mon pouvoir ?

THALIE.

Je viens, avec les ris, pour égayer la Scêne.

MELPOMENE.

    Armide, Phaëton, Atis,
    Roland, Bellérofond, Thétis,
De ce brillant séjour me rendent souveraine :
    Muse indigne, retirés-vous.

THALIE.

Je le vois bien, ma sœur, un mouvement jaloux

Contre moi vous anime.

MELPONEME.

Croyés-vous de me vers effacer le sublîme ?

THALIE.

Sans vous rien difputer , je voudrois entre-nous ,
Par un autre chemin, mériter quelque eftime.

MELPOMENE.

Vous mériterés mon couroux.

THALIE.

Ma fœur , un feul mot peut fuffire
Pour faire voir qu'on me doit préférer ;
On eft bien-tôt las de pleurer ,
Se lâffe-t-on jamais de rire ?
Vous faites à l'amour une cruëlle offenfe
De ne l'offrir que furïeux ;
Sous des traits plus rïants je l'offre à tous les yeux:
Qui de nous fert mieux fa puiffance ?

MÉLPOMENE.

Appollon en ces lieux s'avance ;
Il faura de nous deux faire la différence.

SCÉNE

SCÈNE III.

APOLLON, MELPOMENE, THALIE.

APOLLON.

Estce-ainſi qu'à mes ſoins, Muſes, vous répondés!
Que deviennent les jeux que j'avois demandés ?

MELPOMENE.

On en voudroit éloigner Melpomene.

THALIE.

C'eſt votre ordre , Apollon, qui dans ces lieux
m'amene.

ENSEMBLE.

C'eſt moi qui dans ces lieux prétends donner des loix.

APOLLON, à MELPOMENE.

Ne pouvés-vous, comme autrefois,
Dans un même ſujet, vous unir à Thalie ?
Ce mélange aujourd'hui charme encor l'Italie.

MELPOMENE.

Je pourrois avilir mes héros & mes rois !

B

APOLLON.

Hé bien, entre vous deux il faut faire un partage ;
L'une & l'autre en son tems en plaira davantage.

Que la paix regne en ces beaux lieux ;
Réunissons Melpomene & Thalie.

L'une, dans les hivers, pourra chanter les Dieux ;
L'autre, dans les beaux jours, par sa douce folie
Charmera les cœurs & les yeux.

Que la paix regne en ces beaux lieux ;
Réunissons Melpomene & Thalie.

MELPOMENE.

Quoi ! sous d'égales loix l'une & l'autre on nous
range !
Je reçois d'Apollon des mépris si cruëls ?
Quoi ! tout Dieu qu'il est, son goût change ?
Ah, c'est une foiblesse à laisser aux mortels.

(*Elle sort avec les héros de sa suite.*)

SCÈNE IV.

THALIE, seule.

Venés, volés de toutes parts ;
Je vais offrir à vos regards
Des jeux, fans pleurs & fans triſteſſe.

Mon art eſt le plus doux des arts,
Il eſt l'amour de la jeuneſſe,
Et je fais leçon de tendreſſe.

Venés, volés de toutes parts ;
Je vais offrir à vos regards
Des jeux, fans pleurs & fans triſteſſe.

SCÈNE V.

THALIE; JEUX & PLAISIRS
qui accourent de toutes parts.

CHŒUR DES JEUX ET DES PLAISIRS.

Triomphés, Muſe charmante,
Triomphés de l'ennui, des pleurs & des ſoûpirs :
Couronnés la troupe riante
Des Jeux & des Plaiſirs.

B ij

(*Les Jeux et les Plaisirs célébrent
la gloire de Thalie par leurs danses.*)
THALIE.

Pour mieux faire éclater mon trïomphe en ce jour,
Signalons dans nos jeux le pouvoir de l'Amour.

Beautés, en tout tems, à tout age,
L'Amour eft fûr de votre hommage.

Il regne dans tout l'univers :
Si l'Himen vous engage,
Si vous fortés de fes fers,
Si vous fuyés fon efclavage :

Beautés, en tout tems, à tout âge,
L'Amour eft fûr de votre hommage.

CHŒUR.

Trïomphés, Mufe charmante,
Trïomphés de l'ennui, des pleurs & des foûpirs,
Couronnés la troupe rïante
Des Jeux & des Plaifirs.

FIN DU PROLOGUE.

LA FEMME.

TROISIEME ENTRÉE

des Fêtes de Thalie.

ACTEURS CHANTANTS.

CALISTE, *femme de Dorante*, M^{de}. l'Arrivée.
DORINE, *femme de Zerbin*, Mlle. Durancy.
DORANTE, *époux de Caliste*, M^r. l'Arrivée.
ZERBIN, *époux de Dorine*. M^r. Durand.

PERSONNAGES DANSANTS.

LE BAL.

MASQUES.

M^{de}. GÉLIN.

M. VESTRIS, Mlle. VESTRIS.

POLICHINELLE ,	M. Fay.	DAME GIGOGNE ,	Mlle. Pagès.
ARLEQUIN ,	M. Béate.	ARLEQUINE ,	Mlle. Vernier.
VÉNITIEN ,	M. Trupti.	VÉNITIENNE ,	Mlle. St Martin.
MÉZETIN ,	M. Allard.	MÉZETINE ,	Mlle. Adélaïde.
SCARAMOUCHE,	M. Riviere.	SCARAMOUCHETTE ,	Mlle. Gaudot.
PIERROT ,	M. Léger.	PIERRETTE ,	Mlle. Petitot.
ESPAGNOLS,	{ M. Lani, 1. M. Lani, 2.	ESPAGNOLETTES,	{ Mlle. Siane. Mlle. Dorothée.
FRANÇAIS *en Dominos* ,	{ M. Henri. M. Rivet.	FRANÇAISES *en Dominos* ,	{ Mlle. Julie. Mlle. Mimi.

LA FEMME.

Le Théâtre repréſente un Sallon de la Maiſon
de DORANTE.

SCENE PREMIERE.

CALISTE ſeule, un maſque à la main.

Amour, charmant vainqueur,
Que ton empire a de douceur,
Lorſqu'on ne craint point de rivale !

Sans partage aujourd'hui je regne dans un cœur,
Qui croit brûler d'une infidele ardeur :
O douceur ſans égale !

Amour, charmant vainqueur,
Que ton empire a de douceur,
Lorſqu'on ne craint point de rivale !

SCÊNE II.

CALISTE, DORINE.

DORINE.

On fait à vos appas une offenfe mortelle,
Voyés cet appareil pompeux ;
Votre époux, qui vous croit abfente de ces lieux,
Votre époux infidele
Prépare cette fête à l'objet de fes feux.

CALISTE.

Je ris de fon amour, comme de ta colere.

DORINE.

Souffrir fa trahifon , & la voir de fi près !
Vengés-vous de l'objet que l'ingrat vous préfere.

CALISTE.

Je ne me vengerai jamais
D'une rivale qui m'eft chere.

Vois l'objet dont fon cœur adore les attraits.
Dans un bal, l'autre jour, l'Amour fit ce miracle :
Le mafque lui cachoit mes traits ;
Ses defirs curieux s'irritoient de l'obftacle :

Je

Je le quittai timide.... inquïet.... amoureux :
Je lui promis dans peu de m'offrir à fa vue ;
Et c'eft pour découvrir enfin fon inconnue,
Qu'il a fait préparer ces jeux.

D O R I N E.

Voilà les hommes.
D'un bien que l'on poffede oublïer les appas,
C'eft la mode au fiecle où nous fommes ;
On veut un bien que l'on n'a pas :
Voilà les hommes.

C A L I S T E & D O R I N E.

Quand l'Himen aux amants vient préfenter fes chaî-
nes,
L'Amour s'envole, pour-jamais,
Et nous perdons tous nos attraits,
En cèffant d'être fouveraines.

C A L I S T E.

Mon époux vient... Allons, fous ce mafque trompeur,
Jouïr encor de fon erreur.

SCÊNE III.

DORANTE, ZERBIN.

ZERBIN.

Votre épouse est partie, elle est loin de la ville,
Et vous voilà le maître pour deux jours.

DORANTE.

Zerbin, que je suis peu tranquille !
C'est ici que j'attends l'objet de mes amours.
Je vais donc voir les traits de celle qui m'enchante !
J'ai peine à retenir ma joie impatiente.

ZERBIN.

Pourquoi faire à Caliste une infidélité ?
Quel caprice est le vôtre ?
Époux d'une rare beauté,
Pouvés-vous en aimer une autre ?

DORANTE.

Caliste mérite mes soins,
A regret mon cœur est volage ;

Je sens que je ne puis l'estimer davantage ;
Mais je sens, malgré moi, que mon cœur l'aime
moins.

ZERBIN.

Vaut-elle moins que l'inconnue ?

DORANTE.

Quelle différence ! ah, grands Dieux !
Par un charme secret mon âme fut émue,
Oui, toutes ses beautés s'expliquoient par ses yeux ;
Mais ses traits, dans ce jour, vont s'offrir à ma vue,
Et l'Amour va remplir mes desirs curïeux.

ZERBIN.

Démasquer ce qui nous fait plaire,
C'est s'expôser au repentir.

Il est dangereux de sortir
D'une erreur qui nous est chere.

Démasquer ce qui nous fait plaire,
C'est s'expôser au repentir.

C ij

(*Caliste* & *Dorine*, *paroîſſent maſquées.*)

DORANTE, *appercevant ſon inconnue.*

La vois-tu ? Quels attraits ! … Caliſte eſt moins aimable.

ZERBIN, *la conſidérant.*

Je crois à ſes appas le maſque favorable.

SCÈNE IV.

CALISTE, DORINE, *maſquées*,

DORANTE, ZERBIN, *Troupes de Maſques.*

C H Œ U R *des Maſques.*

CHantons, danſons, accourons-tous,
Que chacun faſſe ſa conquête ;
Goûtons les plaiſirs les plus doux ,
Et que l'Amour ſoit de la fête.

D O R A N T E , à CALISTE.

Charmant objet de mon amour ,
Vous faites ſeule ici l'ornement de la fête ;
Vénus & ſa brillante cour
Embelliroient moins ce ſéjour.
Prenés part à ces jeux, que l'Amour vous apprête.

(*Les Maſques danſent.*)

D O R I N E , *maſquée.*

J'apperçois Zerbin , mon époux :
Il ne me connoît pas.... parlons, approchons-nous ;

Voyons si l'exemple du maître
N'en a point fait un second traître.

(*à* ZERBIN.)

Vous semblés éviter mes pas.

ZERBIN.

Qui, moi ? j'ai d'autres soins en tête

DORINE, *masquée.*

Peut-être cherchés-vous ici quelque conquête

ZERBIN.

Vous ne vous y connoissés pas

DORINE.

Mais dans un bal que venés-vous donc faire ?

ZERBIN.

J'accompagne un maître amoureux.

DORINE.

Et vous, rien ne peut vous y plaire ?

ZERBIN.

Le sexe, dès long-tems, me rend trop malheureux.

DORINE.

Aimeriés-vous quelque inhumaine ?

Z E R B I N.

Quoi, fuis-je fait pour les rigeurs?

D O R I N E.

Eft-il rien de plus doux qu'Amour & fes faveurs?

Z E R B I N.

Eft-il rien de plus dur que l'Himen & fa chaîne?

D O R I N E.

Et pourquoi de l'himen déteftés-vous les loix?

Z E R B I N.

De fes fers je fens trop le poids.

D O R I N E.

Quels deffauts a donc votre époufe ;

Z E R B I N.

Elle eft bisârre, incommode, jaloufe ;
Elle ma dégoûté de fon fexe trompeur ;
        Peut-être feriés-vous comme elle.
Je la détefte…. &, grâce à fa mauvaife humeur,
        Je lui ferai toujours fidele.

(*On recommence le divertiffement.*)
(D O R A N T E *donne la main à* C A L I S T E, *& la
conduit fur le devant du Théâtre.*)

DORANTE, à *CALISTE masquée.*

Vous connoissés mon cœur, accordés à mes yeux
Le bonheur d'admirer vos charmes.

CALISTE, masquée.

Ne me voyés jamais, vous m'en aimerés mieux.

DORANTE.

Quels discours ! quels soupçons ! qu'ils me caûsent
d'allarmes !

CALISTE.

Je veux votre bonheur.

DORANTE.

En est-il sans vous voir ?

CALISTE.

Si j'accorde à vos yeux un si foible avantage,
Mes charmes perdront leur pouvoir.
A vous cacher mes traits l'amour même m'engage,
Et m'en impôse le devoir.

DORANTE.

L'Amour est offensé de tant de résistance.

CALISTE.

Je dois craindre votre inconstance.

DORANTE.

Ah ! permettés qu'à vos genoux

JE

Je calme ces vaines allarmes ;
L'Amour fait mon devoir de céder à vos charmes ;
Et me dit en secret qu'il faut n'aimer que vous.

CALISTE.

Ne portés-vous point d'autres chaîne ?
Aucun objet n'a-t-il pu vous charmer ?

DORANTE.

Vous êtes de mon cœur maîtresse souveraine.

CALISTE.

D'autres que moi , peut-être , ont su vous enflâmer.

DORANTE.

Quel autre objet que vous pourroit jamais me
plaire ?

CALISTE.

Mais quoi, n'avés-vous point de reproche à vous
faire ?

DORANTE, *à part.*

Dieux ! sauroit-elle mes liens ?

CALISTE.

Vous vous troublés.

DORANTE.

O Ciel !

D

C A L I S T E.

Quelle eſt une Caliſte ,
Dont les attraits, peut-être , effacent tous les miens ?

D O R A N T E , *un peu déconcerté.*

Caliſte , dites-vous ?

C A L I S T E.

Quoi ! ce nom vous attriſte ?
Vous ſemblés interdit ?… Vous l'aimés… je le voi.

D O R A N T E.

Non , je n'aime que vous ; je m'en fais une loi.

C A L I S T E.

Vous me trompés… elle regne en votre âme.

D O R A N T E.

Il eſt vrai , je l'aimai , je ne m'en défends pas ;
Mais ne m'accuſés point d'avoir éteint ma flâme,
C'eſt un crime de vos appas.

C A L I S T E.

Mais auprès d'elle enfin ſi l'Amour vous rappelle ?

D O R A N T E.

L'Amour vous fait triompher d'elle.

C A L I S T E.

Pourrés - vous l'oublier ?

D O R A N T E.

Oui , je vous le promèts.

CALISTE.

Vous ne l'aimerés plus ?

DORANTE.

Non.

CALISTE.

Quoi, jamais?

DORANTE.

Jamais.

(CALISTE & DORINE se démasquent.)

ZERBIN.

Juste Ciel ! quel trouble est le nôtre !

DORANTE, d'un air riant, sans se troubler.

Caliste, je suis trop heureux,

L'Amour nous contente tous deux.

Rivale de vous-même, & sans en craindre d'autre ,

L'Amour, après l'Himen, veut resserrer nos nœuds.

CALISTE.

Votre caprice est digne qu'on l'admire ,

Et je pourrois m'en irriter :

Mais je dois vous imiter ,

Et, comme vous, j'en veux rire.

CALISTE & DORANTE.

Tendre Amour , dans nos cœurs lance de nouveaux
feux ;

L'Himen, sans ton secours, ne peut nous rendre
heureux.　　　　　　　　　　(On danse.)

C A L I S T E.

Amour ! remporte la victoire,
Regne fur nous, charmant vainqueur,
Tu ne peux fonger à ta gloire,
Sans fonger à notre bonheur

       (On danfe.)

L E C H Œ U R.

Goûtons de doux amufements,
Le bal offre des plaifirs charmants :
 Tout plaît, tout contente,
 Tout rit, tout enchante ;
  Les plus doux plaifirs
  Comblent nos defirs.

       (On danfe.)

L E C H Œ U R.

Pour trïompher de tous les cœurs,
L'Amour prend ici fes traits vainqueurs :

 Tout plaît, tout contente,
 Tout rit, tout enchante;
  Les plus doux plaifirs
  Comblent nos defirs.

F I N de cette Entrée.

LE DEVIN DU VILLAGE,

INTERMEDE;

REPRÉSENTÉ A FONTAINEBLEAU

DEVANT LE ROI,

Les 18 & 24 Octobre 1752. & à PARIS,

PAR L'ACADÉMIE ROYALE

DE MUSIQUE,

POUR LA PREMIERE FOIS,

Le Jeudi premier Mars 1753.

Les Paroles & la Musique sont de M. J. J. ROUSSEAU.

ACTEURS.

COLIN.	M^r. Legros.
COLETTE.	Mlle. Duranci.
LE DEVIN.	M^r. Gélin.

TROUPE DE JEUNES GENS DU VILLAGE,
PASTRES & PASTOURELLES.

PERSONNAGES DANSANTS.

GARÇONS & FILLES DU VILLAGE.

M. GARDEL, Mlle. GUIMARD.

M^{rs}. Dubois, Rogier, Leroi, Fay, Lieſſe, Allard.

M^{elles}. Demiré Bâſſe, S. Martin, Petitot, Gaudot,
Larie.

PASTRES & PASTOURELLES.

M. LANI, Mlle. ALLARD.

M. D'AUBERVAL, M^{le}. PESLIN.

M^{rs}. Béate, Cezeron, Gougi, Doſſion, Martinet,
Deſpréaux.

M^{elles}. Villette, Lahaie, Buard, Grandi, Cornu,
Dauvilliers.

LE DEVIN
DU VILLAGE,
INTERMEDE.

Le Théâtre repréſente un Hameau dans un Payſage agréable : on voit dans le fond un Château.

SCENE PREMIERE.

COLETTE, *ſoûpirant & s'eſſuyant les yeux de ſon tablier.*

J'A I perdu tout mon bonheur ;
J'aipe rdu mon ſerviteur ;
Colin me délaiſſe.

Hélas, il a pu changer !
Je voudrois n'y plus fonger:
   J'y fonge fans-cèffe.

J'ai perdu mon ferviteur ;
J'ai perdu tout mon bonheur ;
   Colin me délaiffe.

Il m'aimoit autrefois, & ce fut mon malheur.
Mais quelle eft donc celle qu'il me préfere !
Elle eft donc bien charmante ! Imprudente bergere,
Ne crains-tu point les maux que j'éprouve en ce jour ?
Colin m'a pu changer ; tu peux avoir ton tour.

   Que me fert d'y rêver fans-cèffe ?
   Rien ne peut guérir mon amour,
   Et tout augmente ma trifteffe.

   J'ai perdu mon ferviteur ;
   J'ai perdu tout mon bonheur ;
     Colin me délaiffe.

   Je veux le haïr…. je le dois….
Peut-être il m'aime encor … Pourquoi me fuir fans-
   cèffe ?

   Il me cherchoit tant autrefois.

  Le Devin du Canton fait ici fa demeure ;
Il fait tout ; il faura le fort de mon amour :
Je le vois, & je veux m'éclaircir en ce jour.

SCÊNE II.
LE DEVIN, COLETTE.

(Tandis que le DEVIN s'avance gravement, COLETTE compte dans fa main de la monnoie ; puis elle la plie dans un papier & la préfente au DEVIN, après avoir un peu héfité à l'aborder.)

COLETTE, *d'un air timide.*

Perdrai-je Colin fans retour ?
Dítes-moi s'il faut que je meure ?

LE DEVIN *gravement.*

Je lis dans votre cœur, & j'ai lu dans le fien.

COLETTE.

O Dieux !

LE DEVIN.

Modérés-vous.

COLETTE,

Eh bien ?

Colin......

LE DEVIN.

Vous eft infidele.

COLETTE.

Je me meurs.

LE DEVIN.

Et pourtant, il vous aime toûjours.

COLETTE, *vivement.*

Que dites-vous?

LE DEVIN.

Plus adroite, & moins belle,
La Dame de ces lieux....

COLETTE.

Il me quitte pour elle!

LE DEVIN.

Je vous l'ai déja dit, il vous aime toûjours.

COLETTE, *triſtement.*

Et toûjours il me fuit!

LE DEVIN.

Comptés ſur mon ſecours.

Je prétends à vos piés ramener le volage.
Colin veut être brave, il aime à ſe parer:
Sa vanité vous a fait un outrage
Que ſon amour doit réparer.

COLETTE.

Si des galants de la ville
J'eusse écouté les discours,
Ah, qu'il m'eut été facile
De former d'autres amours !

Mise en riche demoiselle,
Je brillerois tous les jours ;
De rubans & de dentelle
Je chargerois mes atours.

Pour l'amour de l'infidele
J'ai refusé mon bonheur,
J'aimois mieux être moins belle
Et lui conserver mon cœur.

LE DEVIN.

Je vous rendrai le sien, ce sera mon ouvrage.
Vous, à le mieux garder appliqués tous vos soins ;
Pour vous faire aimer d'avantage,
Feignés d'aimer un peu moins.

L'Amour croît, s'il s'inquïette,
Il s'endort, s'il est content :
La bergere un peu coquette
Rend le berger plus constant.

B

COLETTE.

A vos sages leçons Colette s'abandonne.

LE DEVIN.

Avec Colin prenés un autre ton.

COLETTE.

Je feindrai d'imiter l'exemple qu'il me donne.

LE DEVIN.

Ne l'imités pas tout de bon ;
Mais qu'il ne puisse le connoître.
Mon art m'apprend qu'il va paroître :
Je vous appellerai quand il en sera tems.

SCÈNE III.
LE DEVIN, *seul.*

J'Ai tout su de Colin, & ces pauvres enfants
Admirent tous les deux la scïence profonde
Qui me fait deviner tout ce qu'il m'ont appris.
Leur amour à propos en ce jour me seconde ;
En les rendant heureux, il faut que je confonde
De la Dame du lieu les airs & les mépris.

SCÈNE IV.
LE DEVIN, COLIN,
COLIN.

L'Amour & vos leçons m'ont enfin rendu sage ;
Je préfere Colette a des biens superflus :
   Je sus lui plaire en habit de village ;
Sous un habit doré qu'obtiendrois-je de plus ?

LE DEVIN.

Colin il n'est plus tems, & Colette t'oublie.

COLIN.

Elle m'oublie, o Ciel ! Colette a pu changer,

LE DEVIN.

Elle eſt femme , jeune & jolie ;
  Manqueroit - elle à ſe venger ?

COLIN.

Non , Colette n'eſt point trompeuſe ;
    Elle m'a promis ſa foi :
  Peut - elle être l'Amoureuſe
  D'un autre berger que moi ?

LE DEVIN.

Ce n'eſt point un berger quelle préfére à toi ,
  C'eſt un beau Monſieur de la ville.

COLIN.

Qui vous l'a dit ?

LE DEVIN, *avec emphâſe.*
Mon Art.

COLIN.
            Je n'en ſaurois douter.
  Hélas qu'il m'en va couter
  Pour avoir été trop facile !
Aurois - je donc perdu Colette ſans retour ?

LE DEVIN.

On ſert mal à la fois la Fortune & l'Amour.
D'être ſi beau garçon quelquefois il en coûte.

C O L I N.

De grace, apprenés moi le moyen d'éviter
Le coup affreux que je redoute.

L E D E V I N.

Laisse - moi seul un moment consulter.

(*Le Devin tire de sa poche un livre de grimoire & un
petit bâton de Jacob, avec lesquels il fait un charme.*)

L E D E V I N.

Le charme est fait. Colette en ce lieu va se rendre;
Il faut ici l'attendre.

C O L I N.

A l'appaiser pourrai - je parvenir?
Hélas! voudra-t-elle m'entendre?

L E D E V I N.

Avec un cœur fidele & tendre
On a droit de tout obtenir.

(*à part, en s'en allant.*)
Sur ce qu'elle doit dire allons la prévenir.

SCÈNE V.

COLIN, seul.

JE vais revoir ma charmante maîtresse !
  Adieu châteaux, grandeurs, richesse,
  Votre éclat ne me tente plus ;
  Si mes pleurs, mes soins assidus
  Peuvent toucher ce que j'adore,
  Je vous verrai renaître encore
  Doux moments que j'ai perdus.

  Quand on sait aimer & plaire
  A-t-on besoin d'autre bien ?
  Rend-moi ton cœur, ma bergere,
  Colin t'a rendu le sien.

  Mon chalumeau, ma houlette
  Soyés mes seules grandeurs ;
  Ma parure est ma Colette,
  Mes tréfors font ses faveurs.

  Que de Seigneurs d'importance
  Voudroient bien avoir sa foi !
  Malgré toute leur puissance,
  Ils font moins heureux que moi.

SCÈNE VI.

COLIN, COLETTE, *parée.*

COLIN, à part.

JE l'apperçois... Je tremble en m'offrant à sa vue...
.... Sauvons - nous.... Je la perds si je fuis....

COLETTE, à part.

Il me voit...... Que je suis émue !
Le cœur me bat.....

COLIN, à part.

Je ne sais où j'en suis

COLETTE, à part.

Trop près, sans y songer, je me suis approchée.

COLIN, à part.

Je ne puis m'en dédire, il la faut aborder.

(*A Colette d'un ton radouci, & d'un air
moitié riant , moitié embarassé.*)

Ma Colette.... êtes vous fâchée ?
Je suis Colin : daignés me regarder.

COLETTE.

Colin m'aimoit ; Colin m'étoit fidele :
Je vous regarde, |& ne vois plus Colin.

C O L I N.

Mon cœur n'a point changé ; mon erreur, trop
    cruëlle ,
Venoit d'un fort, jetté par quelque efprit malin :
Le Devin l'a détruit ; je fuis, malgré l'envie,
    Toûjours Colin, toûjours plus amoureux.

C O L E T T E.

Par un fort , à mon tour, je me fens pourfuivie.
Le Devin n'y peut rien.

C O L I N.

        Que je fuis malheureux !

C O L E T T E.

D'un amant plus conftant....

C O L I N.

        Ah ! de ma mort fuivie
Votre infidelité....

C O L E T T E.

        Vos foins font fuperflus ;
Non, Colin, je ne t'aime plus.

C O L I N.

Ta foi ne m'eft point ravie ;
Non, confulte mieux ton cœur :
Toi-même, en m'ôtant la vie,
Tu perdrois tout ton bonheur.

COLETTE,

(*à part*) (*à Colin.*)

Hélas ! Non vous m'avés trahie,
Vos foins font fuperflus,
Non , Colin, je ne t'aime plus.

COLIN.

C'en eft donc fait ; vous voulés que je meure ;
Et je vais, pour-jamais , m'éloigner du hameau.
COLETTE , *rappellant Colin , qui s'éloigne lentement.*
Colin ?

COLIN.

Quoi ?

COLETTE.

Tu me fuis !

COLIN.

Faut-il que je demeure ,
Pour vous voir un amant nouveau ?

COLETTE.

Tant qu'à mon Colin j'ai fu plaire,
Mon fort combloit mes defirs.

COLIN.

Quand je plaifois à ma bergere ,
Je vivois dans les plaifirs.

C

CO L E T T E.

Depuis que son cœur me méprise,
Un autre a gâgné le mien.

C O L I N.

Après le doux nœud quelle brîse,
Seroit - il un autre bien ?

(*D'un ton pénétré.*)

Ma Colette se dégage !

C O L E T T E.

Je crains un amant volage.

E N S E M B L E.

Je me dégage, à mon tour.
Mon cœur, devenu paissible,
Oubliera, s'il est possible,

Que tu lui fus { cher / chere } un jour.

C O L I N.

Quelque bonheur qu'on me promette
Dans les nœuds qui me font offerts,
J'eusse encor préferé Colette
A tous les biens de l'univers.

C O L E T T E.

Quoiqu'un Seigneur, jeune, aimable,
Me parle aujourd'hui d'amour,

Colin m'eût femblé préférable
A tout l'éclat de la Cour.

C O L I N, *tendrement.*

Ah, Colette!

C O L E T T E, *avec un foûpir.*

Ah, berger volage!
Faut - il t'aimer, malgré moi?

(Colin fe jette aux piés de Colette : elle lui fait remarquer
à fon chapeau un ruban, fort riche, qu'il a reçu de la
Dame: Colin le jette avec dédain. Colette lui en donne
un plus fimple , dont elle étoit parée , & qu'il reçoit
avec tranfport.)

E N S E M B L E.

A-j amais, Colin, { je t'engage
                  { t'engage

{ Mon
      cœur & { ma foi,
{ Son   { fa

Qu'un doux mariage
M'uniffe avec toi.
Aimons toûjours fans partage
Que l'Amour foit notre loi.
A - jamais , &c.

SCÈNE VII.

LE DEVIN, COLIN, COLETTE.

LE DEVIN,

JE vous ai délivrés d'un cruël maléfice ;
Vous vous aimés encor , malgré les envieux.

COLIN.

(*Ils offrent chacun un préfent au Devin.*)

Quel don pourroit jamais payer un tel fervice ?

LE DEVIN, recevant des deux mains.

Je fuis affés payé, fi vous êtes heureux.
Venés, jeunes Garçons, venés, aimables filles,
   Raffembés - vous, venés les imiter ; ·
Venés, galants bergers, venés, beautés gentilles,
En chantant leur bonheur , apprendre à le goûter.

SCÈNE DERNIERE.

LE DEVIN, COLIN, COLETTE;
GARÇONS & FILLES du Village;
PASTRES ET PASTOURELLES.

On danse.

CHŒUR.

CHantons, chantons le Dieu qui regne en nos
   hameaux :
Il enchaîne à-jamais Colin & sa Colette.
Pour célébrer sa gloire & leur ardeur parfaite
   Joignons nos voix au son des chalumeaux.

On danse.

COLETTE.

On voit encor des cœurs fideles,
Quoique leurs desirs soient contents;
On voit des ardeurs éternelles,
Comme il en fut aux premiers tems :
Est-ce à la cour, ou dans les villes?
Non, ce n'est que dans nos asiles
   Que les amants sont constants.

COLIN.

Auprès d'une jeune bergere
Il suffit de savoir aimer :

Le seul amour est nécessaire
Pour la contraindre à s'enflâmer.
Est-ce à la cour, ou dans les villes ?
Non, ce n'est que dans nos asiles
    Qu'un tendre amant fait charmer.

(On danse.)

C O L I N.

Dans ma cabane obscure
Toûjours soucis nouveaux ;
Vent, soleil, ou froidure,
Toûjours peine & travaux.
Colette, ma bergere,
Si tu viens l'habiter,
Colin, dans sa chaumiere,
N'a rien à regretter.

Des champs, de la prairie
Retournant chaque soir,
Chaque soir plus chérie,
Je viendrai te revoir :
Du Soleil dans nos plaines
Devançant le retour,
Je charmerai mes peines
En chantant notre amour.

(On danse.)

LE DEVIN.

Il faut tous à-l'envi
Nous fignaler ici ;
Si je ne puis fauter ainfi ,
Je dirai pour ma part une Chanfon nouvelle.
(Il tire une chanfon de fa poche , & chante le premier couplet.)

I.

L'Art à l'Amour eft favorable ,
Et fans art l'Amour fait charmer ;
A la ville on eft plus aimable ,
Au village on fait mieux aimer :
    Ah ! pour l'ordinaire
    L'Amour ne fait guere,
Ce qu'il permet, ce qu'il défend ;
C'eft un enfant, c'eft un enfant.

COLIN répéte le refrein.

    Ah ! pour l'ordinaire ,
    L'Amour ne fait guere
Ce qu'il permet ce qu'il défend ;
C'eft un enfant , c'eft un enfant.

(Regardant la Chanfon.)

Elle a d'autres couplèts ; je la trouve affés belle.

COLETTE , avec emprèffement.

Voyons, voyons, nous chanterons auffi.

(Elle prend la Chanfon , & chante le couplet fuivant.)

I I.

Ici, de la simple Nature,
L'Amour fuit la naïveté ;
En d'autres lieux, de la parure
Il cherche l'éclat emprunté.
Ah ! pour l'ordinaire,
L'Amour ne fait guere
Ce qu'il permet, ce qu'il défend ;
C'eſt un enfant, c'eſt un enfant.

C H Œ U R.

C'eſt un enfant, c'eſt un enfant.

C O L I N.

I I I.

A voltiger de belle en belle,
On perd ſouvent l'heureux inſtant ;
Souvent un berger trop fidele
Eſt moins aimé qu'un inconſtant.
Ah ! pour l'ordinaire, &c.

C O L E T T E.

I V.

A ſon caprice on eſt en butte,
Il veut les ris, il veut les pleurs ;
Par les.... par les....

C O L I N, *lui aidant à lire.*

Par les rigueurs on le rebutte.

COLETTE.

COLETTE.

On l'affoiblit par les faveurs.

ENSEMBLE.

Ah ! pour l'ordinaire ,

L'Amour ne fait guerre

Ce qu'il permet, ce qu'il défend ;

C'eſt un enfant, c'eſt un enfant.

CHŒUR.

C'eſt un enfant, c'eſt un enfant.

(On danſe.)

COLETTE, *alternativent avec le Chœur.*

Allons danſer ſous les ormeaux,

Animés-vous, jeunes fillettes :

Allons danſer ſous les ormeaux,

Galants, prenés vos chalumeaux.

COLETTE.

Répétons mille chanſonnettes,

Et pour avoir le cœur joyeux,

Danſons avec nos amoureux ;

Mais n'y reſtons jamais ſeulettes.

Allons danſer ſous les ormeaux, &c.

A la Ville on fait bien plus de fracas ;

Mais ſont-ils auſſi gais dans leurs ébats ?

Toûjours contents ,

Toûjours chantants ;

Beauté sans fard,

Plaisir sans art ;

Tous leurs concerts valent-ils nos musetes ?

Allons danser sous les ormeaux, &c.

Une Contredanse générale termine cet Intermede.

FIN.

APPROBATION.

J'Ai lû par ordre de Monseigneur le Vice-Chancelier une réimpression *du Devin du Village*, à Paris, ce 17 Juillet 1765.

DEMONCRIF.